Impressum
Verlag: BABADADA GmbH, Nedderfeld 112 , 22529 Hamburg
Geschäftsführer / Verlagsleitung: Harald Hof
Druck: Books on Demand GmbH, In de Tarpen 42, 22848 Norderstedt

Imprint
Publisher: BABADADA GmbH, Nedderfeld 112 , 22529 Hamburg, Germany
Managing Director / Publishing direction: Harald Hof
Print: Books on Demand GmbH, In de Tarpen 42, 22848 Norderstedt

Szkoła
colegio

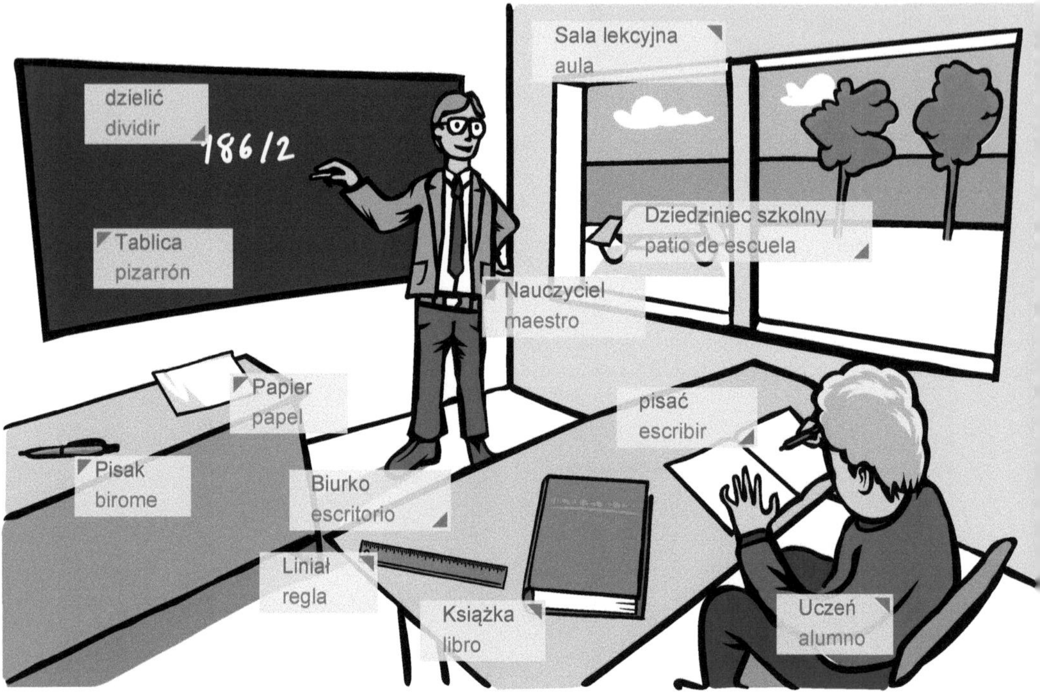

Sala lekcyjna
aula
dzielić
dividir
186/2
Tablica
pizarrón
Dziedziniec szkolny
patio de escuela
Nauczyciel
maestro
Papier
papel
pisać
escribir
Pisak
birome
Biurko
escritorio
Liniał
regla
Książka
libro
Uczeń
alumno

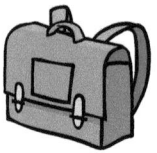

Plecak szkolny

mochila

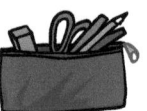

Piórnik

caja de lápices

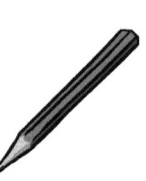

Ołówek

lápiz

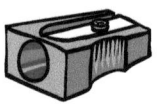

Temperówka

sacapuntas

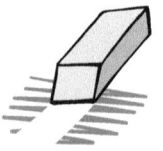

Gumka do mazania

goma (de borrar)

Blok rysunkowy

bloc de dibujo

Rysunek

dibujo

Pędzel

pincel

Pudełko z akwarelami

caja de pinturas

Nożyce

tijera

Klej

pegamento

Książka do ćwiczenia

cuaderno de ejercicios

Zadanie domowe

tarea

Liczba

número

dodawać

sumar

odejmować

restar

mnożyć

multiplicar

liczyć

calcular

Litera

letra

Alfabet

abecedario

Słowo

palabra

Tekst

texto

czytać

leer

Kreda

tiza

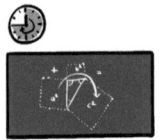

Godzina

lección

Dziennik lekcyjny

cuaderno de clase

Egzamin

examen

Świadectwo

certificado

Mundurek szkolny

uniforme escolar

Wykształcenie

educación

Leksykon

enciclopedia

Uniwersytet

universidad

Mikroskop

microscopio

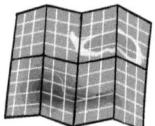

Mapa

mapa

Kosz na odpadki

tacho (de basura)

Hotel
hotel

Grand

Schronisko
hostel

ROOMS

Kantor wymiany walut
casa de cambio

EXCHANGE

Walizka
valija

Auto
auto

Język
idioma

tak / nie
sí / no

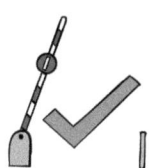

OK
Está bien

Halo
hola

Tłumacz
traductor

Dziękuję
Gracias

Ile kosztuje ...?

¿cuánto cuesta…?

Nie rozumiem

No entiendo

Problem

problema

Dobry wieczór!

¡Buenas tardes!

Dzień dobry!

¡Buenos días!

Dobranoc!

¡Buenas noches!

Do widzenia

adiós

Kierunek

dirección

Bagaż

equipaje

Torba

bolso

Plecak

mochila

Gość

invitado

Pokój

habitación

Śpiwór

bolsa de dormir

Namiot

carpa

Informacja turystyczna

información turística

Plaża

playa

Karta kredytowa

tarjeta de crédito

Śniadanie

desayuno

Obiad

almuerzo

Kolacja

cena

Bilet

pasaje

Winda

ascensor

Znaczek na list

sello

Granica

frontera

Cło

aduana

Ambasada

embajada

Wiza

visa

Paszport

pasaporte

Transport
transporte

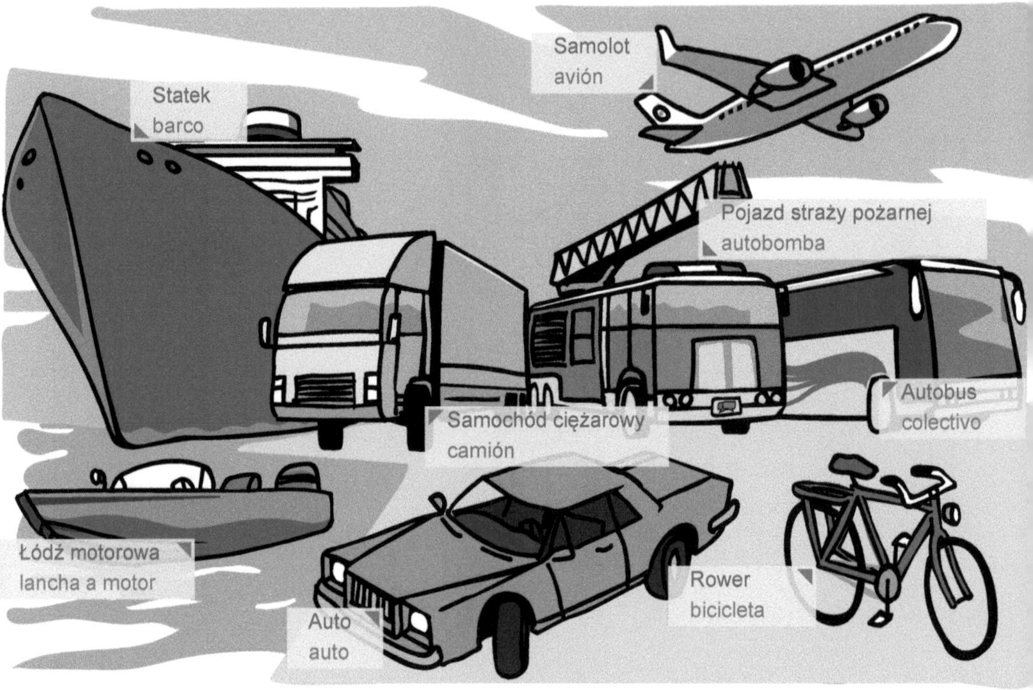
Samolot
avión
Statek
barco
Pojazd straży pożarnej
autobomba
Autobus
colectivo
Samochód ciężarowy
camión
Łódź motorowa
lancha a motor
Rower
bicicleta
Auto
auto

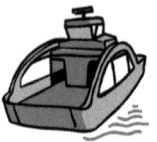

Prom

ferry

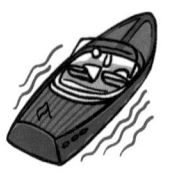

Łódź

bote

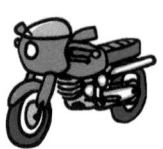

Motocykl

moto

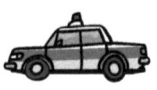

Radiowóz policyjny

patrullero

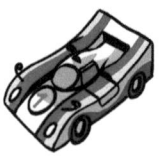

Samochód wyścigowy

auto de carreras

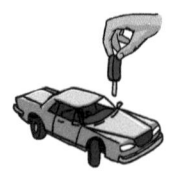

Samochód wypożyczony

auto de alquiler

Wspólne przejazdy
samochodem
alquiler de autos

Samochód pomocy
drogowej
grúa

Śmieciarka
camión de basura

Silnik
motor

Benzyna
nafta

Stacja benzynowa
estación de servicio

Znak drogowy
señal de tránsito

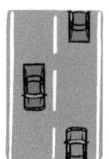

Ruch
tránsito

Korek
embotellamiento

Parking
estacionamiento

Dworzec
estación de tren

Szyny
vías

Pociąg
tren

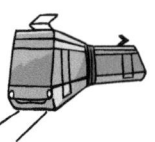

Tramwaj
tranvía

Wagon
vagón

Helikopter

helicóptero

Lotnisko

aeropuerto

Wieża

torre

Pasażer

pasajero

Kontener

contenedor

Karton

caja de cartón

Taczka

carretilla

Kosz

canasta

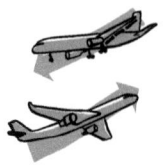

startować / lądować

despegar / aterrizar

Miasto
ciudad

Wieś

pueblo

Centrum miasta

centro de ciudad

Dom

casa

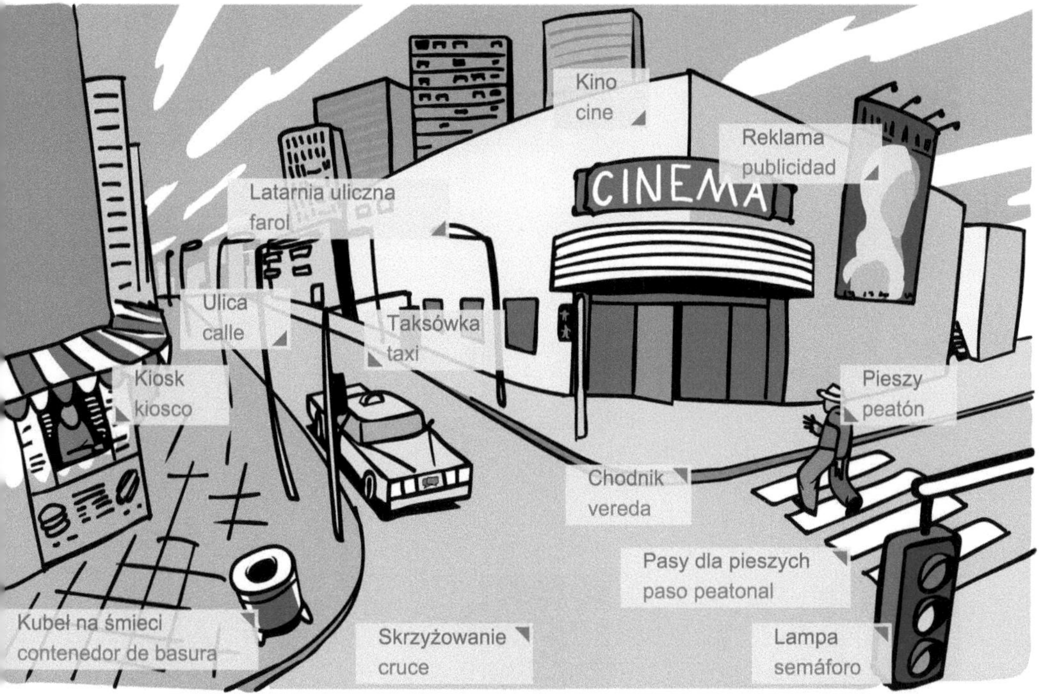

Kino
cine

Reklama
publicidad

Latarnia uliczna
farol

CINEMA

Ulica
calle

Taksówka
taxi

Pieszy
peatón

Kiosk
kiosco

Chodnik
vereda

Pasy dla pieszych
paso peatonal

Kubeł na śmieci
contenedor de basura

Skrzyżowanie
cruce

Lampa
semáforo

Chata

cabaña

Mieszkanie

departamento

Dworzec

estación de tren

Ratusz

municipalidad

Muzeum

museo

Szkoła

colegio

Uniwersytet	**Bank**	**Szpital**
universidad	banco	hospital

Hotel	**Apteka**	**Biuro**
hotel	farmacia	oficina

Księgarnia	**Sklep**	**Kwiaciarnia**
librería	negocio	florería

Supermarket	**Rynek**	**Dom towarowy**
supermercado	mercado	grandes tiendas

Sklep z rybami	**Centrum handlowe**	**Port**
pescadería	centro comercial	puerto

Park
....
parque

Ławka
....
banco

Most
....
puente

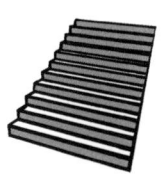

Schody
....
escaleras

Metro
....
subte

Tunel
....
túnel

Przystanek autobusowy
....
parada del colectivo

Bar
....
bar

Restauracja
....
restaurante

Skrzynka na listy
....
buzón

Tabliczka z nazwą ulicy
....
letrero

Parkometr
....
parquímetro

Zoo
....
zoológico

Łaźnia
....
pileta

Meczet
....
mezquita

Gospodarstwo chłopskie

granja

Zanieczyszczenie
środowiska

contaminación

Cmentarz

cementerio

Kościół

iglesia

Plac zabaw

juegos infantiles

Świątynia

templo

Krajobraz
paisaje

Liść
hoja

Drogowskaz
poste indicador

Droga
camino

Łąka
pradera

Kamień
piedra

Drzewo
árbol

Wędrowiec
excursionista

Rzeka
río

Trawa
hierba

Kwiat
flor

Dolina

valle

Góra

montaña

Jezioro

lago

Las

bosque

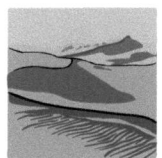

Pustynia

desierto

Wulkan

volcán

Zamek

castillo

Tęcza

arco iris

Grzyb

champiñón

Palma

palmera

Komar

mosquito

Mucha

mosca

Mrówka

hormiga

Pszczoła

abeja

Pająk

araña

Chrząszcz

escarabajo

Żaba

rana

Wiewiórka

ardilla

Jeż

erizo

Zając

liebre

Sowa

lechuza

Ptak

pájaro

Łabędź

cisne

Dzik

jabalí

Jeleń

ciervo

Łoś

alce

Tama

presa

Wiatrak

aerogenerador

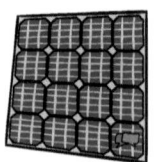

Moduł solarny

panel solar

Klimat

clima

Restauracja
restaurante

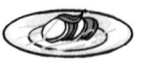

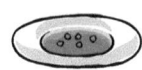

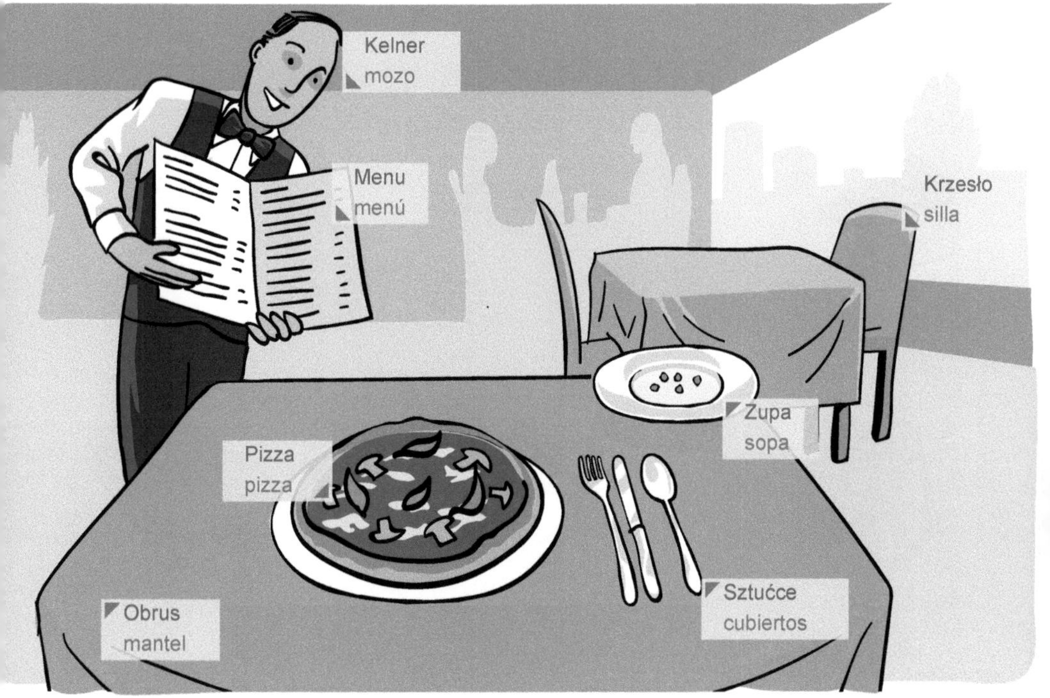

Kelner
mozo
Menu
menú
Krzesło
silla
Zupa
sopa
Pizza
pizza
Sztućce
cubiertos
Obrus
mantel

Przystawka
....
entrada

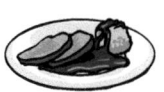

Danie główne
....
plato principal

Deser
....
postre

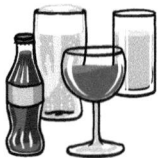

Napoje
....
bebidas

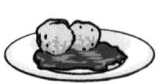

Jedzenie
....
comida

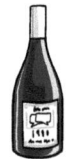

Butelka
....
botella

Fastfood

comida rápida

Streetfood

comida callejera

Dzbanek na herbatę

tetera

Cukierniczka

azucarera

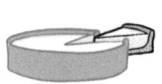

Porcja

porción

Zaparzarka do espresso

cafetera expreso

Krzesło dla dziecka

sillita alta

Rachunek

cuenta

Taca

bandeja

Nóż

cuchillo

Widelec

tenedor

Łyżka

cuchara

Łyżeczka

cucharita

Serwetka

servilleta

Szklanka

vaso

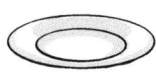

Talerz

plato

Talerz do zupy

plato hondo

Podstawek pod filiżankę

plato

Sos

salsa

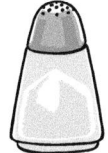

Solniczka

salero

Młynek do pieprzu

molinillo de pimienta

Ocet

vinagre

Olej

aceite

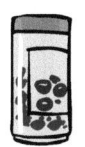

Przyprawy

especias

Keczup

kétchup

Musztarda

mostaza

Majonez

mayonesa

Supermarket
supermercado

Oferta
oferta especial
FOR
Klient
cliente
Produkty mleczne
lácteos
Owoce
fruta
Wózek sklepowy
changuito

BUTCHERS

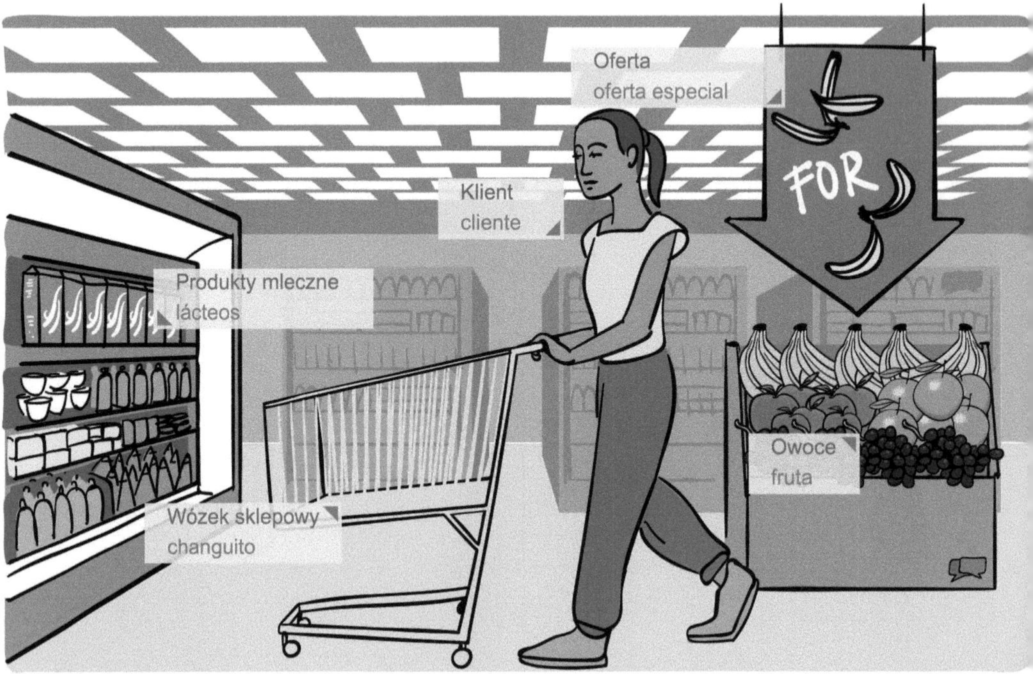

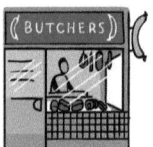

Rzeźnia

carnicería

BAKERY

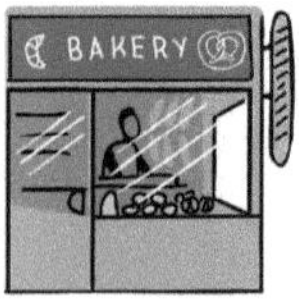

Piekarnia

panadería

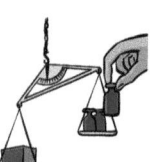

ważyć

pesar

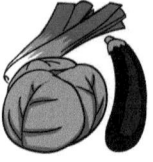

Warzywa

verduras

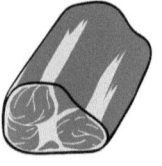

Mięso

carne

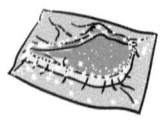

Mrożonki

alimentos congelados

Wędliny

fiambres

Konserwy

alimentos enlatados

Proszek m do prania

detergente en polvo

Słodycze

golosinas

Artykuły użytku domowego

electrodomésticos

Środek czyszczący

productos de limpieza

Sprzedawczyni

vendedora

Kasa

caja

Kasjer

cajero

Lista zakupów

lista de compras

Godziny otwarcia

horario de atención

Portfel

billetera

Karta kredytowa

tarjeta de crédito

Torba

cartera

Torebka plastikowa

bolsa de plástico

Woda

agua

Sok

jugo

Mleko

leche

Cola

bebida cola

Wino

vino

Piwo

cerveza

Alkohol

alcohol

Kakao

cacao

Herbata

té

Kawa

café

Espresso

café expreso

Cappuccino

cappuccino

Banan

banana

Jabłko

manzana

Pomarańcza

naranja

Arbuz

melón

Cytryna

limón

Marchew

zanahoria

Czosnek

ajo

Bambus

bambú

Cebula

cebolla

Grzyb

champiñón

Orzechy

nueces

Makaron

fideos

Spaghetti

tallarines

Ryż

arroz

Sałatka

ensalada

Frytki

papas fritas

Ziemniaki pieczone

papas fritas

Pizza

pizza

Hamburger

hamburguesa

Kanapka

sándwich

Sznycel

churrasco

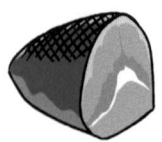

Szynka

jamón

Salami

salame

Kiełbasa

salchicha

Kura

pollo

Pieczeń

asado

Ryba

pescado

Płatki owsiane

copos de avena

Musli

muesli

Płatki kukurydziane

copos de maíz

Mąka

harina

Croissant

medialuna

Bułka

pancito

Chleb

pan

Toast

tostada

Ciastka

galletitas

Masło

manteca

Twarożek

cuajada

Ciasto

torta

Jajko

huevo

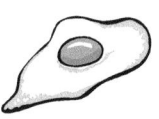

Jajko sadzone

huevo frito

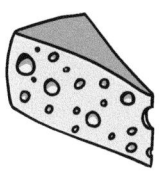

Ser

queso

Lody

helado

Cukier

azúcar

Miód

miel

Marmolada

mermelada

Krem nugatowy

pasta de chocolate

Curry

curry

Gospodarstwo chłopskie

granja

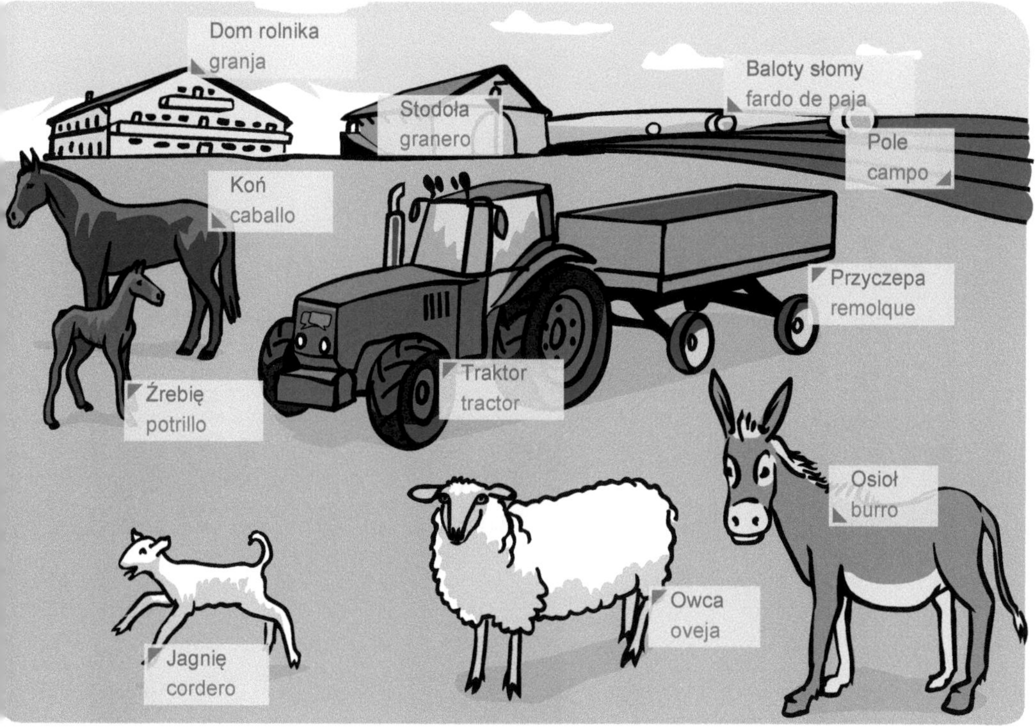

Dom rolnika
granja
Stodoła
granero
Baloty słomy
fardo de paja
Pole
campo
Koń
caballo
Przyczepa
remolque
Traktor
tractor
Źrebię
potrillo
Osioł
burro
Owca
oveja
Jagnię
cordero

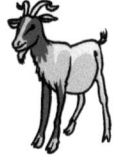

Koza

cabra

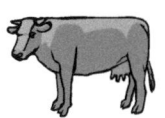

Krowa

vaca

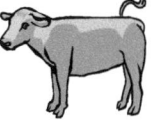

Cielę

ternero

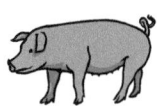

Świnia

cerdo

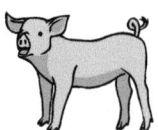

Prosię

lechón

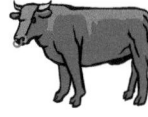

Byk

toro

Gęś

ganso

Kaczka

pato

Kurczątko

pollo

Kura

gallina

Kogut

gallo

Szczur

rata

Kot

gato

Mysz

ratón

Osioł

buey

Pies

perro

Buda dla psa

cucha

Wąż ogrodowy

manguera

Konewka

regadera

Kosa

guadaña

Pług

arado

Sierp

hoz

Graca

azada

Widły

horquilla

Siekiera

hacha

Taczka

carretilla

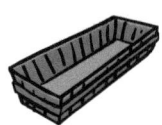

Koryto

abrevadero

Kanka na mleko

lechera

Worek

bolsa

Płot

reja

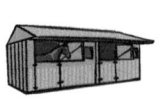

Stajnia

establo

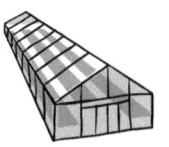

Szklarnia

invernadero

Ziemia

suelo

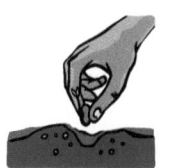

Nasiona

semilla

Nawóz

fertilizador

Kombajn zbożowy

cosechadora

zbierać

cosechar

Żniwa

cosecha

Podchrzyn

batatas

Pszenica

trigo

Soja

soja

Ziemniak

papa

Kukurydza

maíz

Rzepak

semilla de colza

Drzewo owocowe

árbol frutal

Maniok

mandioca

Zboże

cereales

Dom
casa

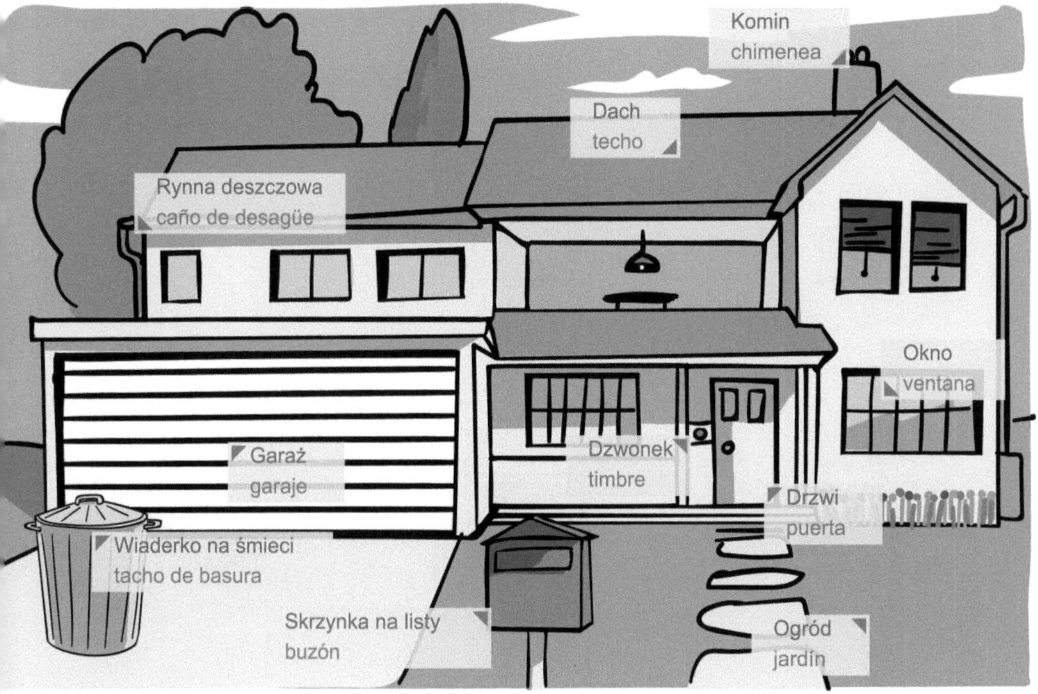
Komin
chimenea
Dach
techo
Rynna deszczowa
caño de desagüe
Okno
ventana
Garaż
garaje
Dzwonek
timbre
Drzwi
puerta
Wiaderko na śmieci
tacho de basura
Skrzynka na listy
buzón
Ogród
jardín

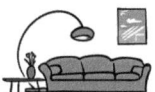

Pokój dzienny

living

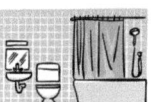

Łazienka

baño

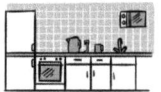

Kuchnia

cocina

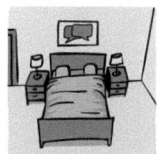

Sypialnia

dormitorio

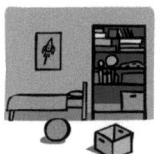

Pokój dziecięcy

cuarto de los chicos

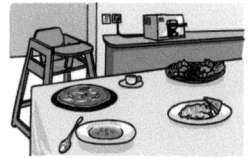

Jadalnia

comedor

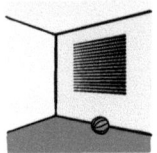

Ziemia

piso

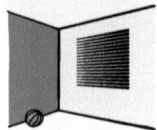

Ściana

pared

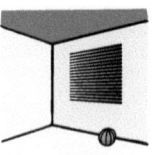

Koc

cielorraso

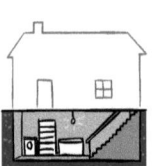

Piwnica

sótano

Sauna

sauna

Balkon

balcón

Taras

terraza

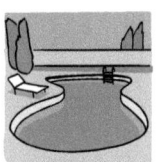

Basen

pileta

Kosiarka do trawy

cortadora de pasto

Poszwa

sábana

Kołdra

acolchado

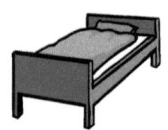

Łóżko

cama

Miotła

escoba

Wiadro

balde

Włącznik

interruptor

Pokój dzienny
living

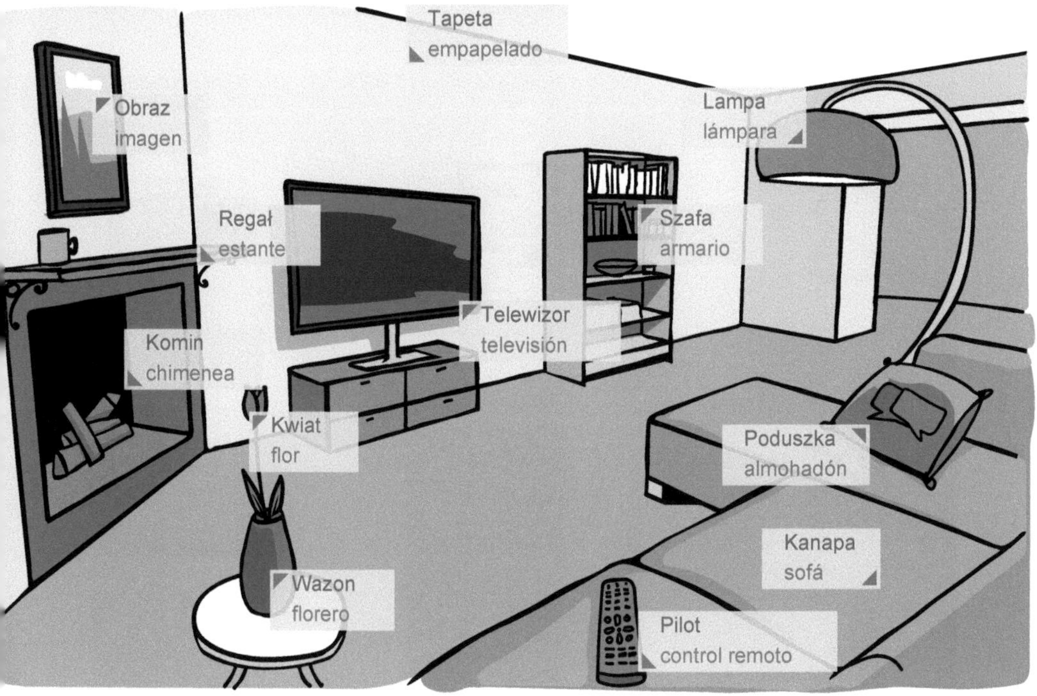

Tapeta
empapelado
Obraz
imagen
Lampa
lámpara
Regał
estante
Szafa
armario
Telewizor
televisión
Komin
chimenea
Kwiat
flor
Poduszka
almohadón
Kanapa
sofá
Wazon
florero
Pilot
control remoto

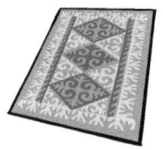

Dywan
....
alfombra

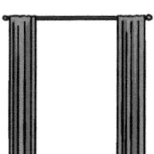

Zasłona
....
cortina

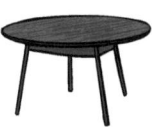

Stół
....
mesa

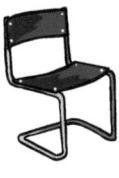

Krzesło
....
silla

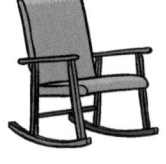

Bujak
....
mecedora

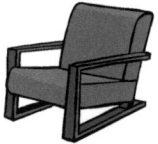

Fotel
....
sillón

Książka

libro

Sufit

frazada

Dekoracja

decoración

Drewno kominkowe

leña

Film

película

Instalacja stereo

equipo de música

Klucz

llave

Gazeta

diario

Malunek

pintura

Plakat

póster

Radio

radio

Notatnik

cuaderno

Odkurzacz

aspiradora

Kaktus

cactus

Świeczka

vela

Kuchnia
cocina

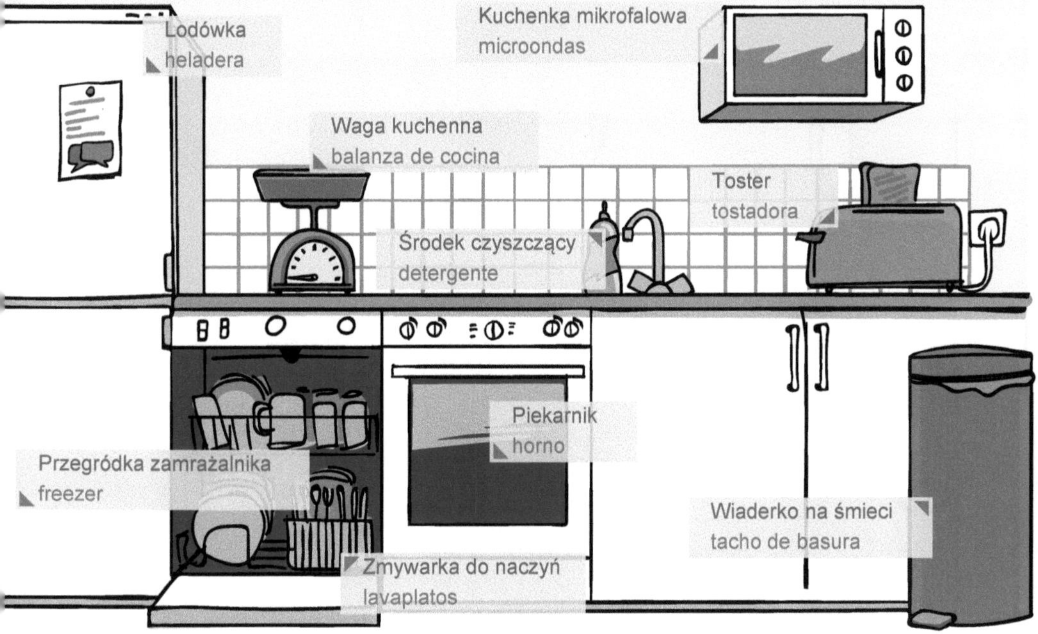
Lodówka
heladera
Kuchenka mikrofalowa
microondas
Waga kuchenna
balanza de cocina
Toster
tostadora
Środek czyszczący
detergente
Piekarnik
horno
Przegródka zamrażalnika
freezer
Wiaderko na śmieci
tacho de basura
Zmywarka do naczyń
lavaplatos

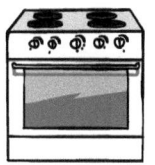

Kuchenka

cocina

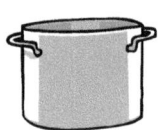

Garnek

olla

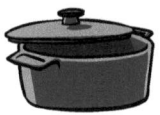

Kocioł żeliwny

olla de hierro fundido

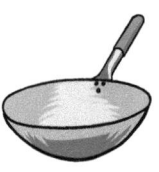

Wok / Kadai

wok

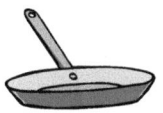

Patelnia

sartén

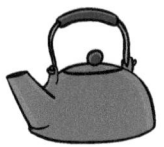

Czajnik

pava

Parowar

vaporera

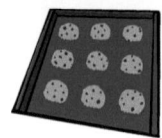

Blacha do pieczenia

bandeja de horno

Naczynia kuchenne

vajilla

Kubek

taza

Miska

bol

Pałeczki

palitos

Nabierka

cucharón

Łopatka do smażenia

estpátula

Trzepaczka do śmietany

batidora

Cedzak

colador

Sitko

colador

Tarka

rallador

Moździerz

mortero

Grillowanie

parrilla

Palenisko

fogata

Deska

tabla de picar

Wałek do ciasta

palo de amasar

Korkociąg

sacacorchos

Puszka

lata

Otwieracz do puszek

abrelatas

Ściereczka do trzymania garnka

manopla

Umywalka

pileta

Szczotka

cepillo

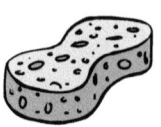

Gąbka

esponja

Mikser

batidora

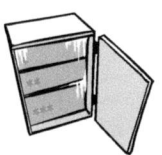

Zamrażarka

congelador

Butelka dla niemowlęcia

mamadera

Kran

canilla

Łazienka
baño

Ogrzewanie
calefacción
Prysznic
ducha
Ręcznik
toalla
Kotara prysznicowa
cortina de ducha
Płyn do kąpieli
baño de espuma
Wanna kąpielowa
bañadera
Szklanka
vaso
Pralka
lavarropas
Kran
canilla
Kafelki
baldosas
Nocnik
pelela
Umywalka
pileta

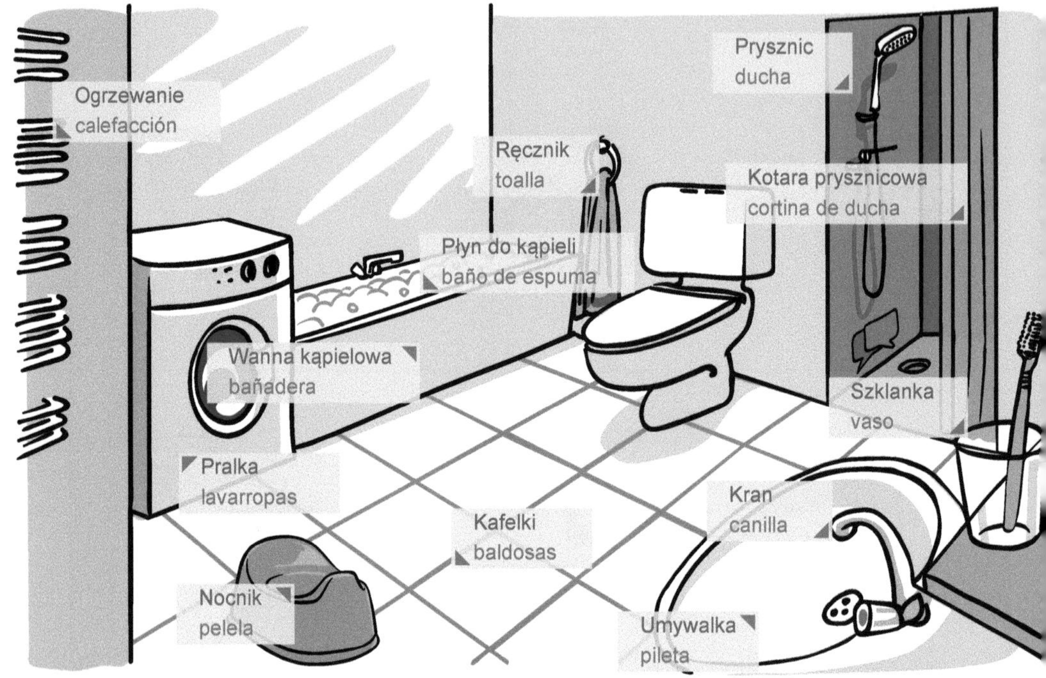

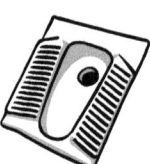

Toaleta

inodoro

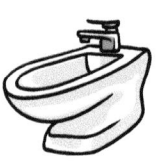

Toaleta kuczna

letrina

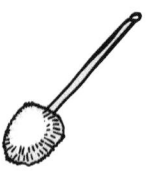

Bidet

bidé

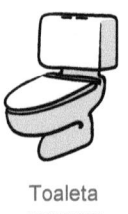

Pisuar

mingitorio

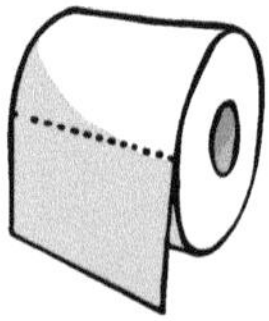

Papier toaletowy

papel higiénico

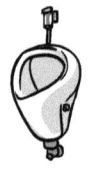

Szczotka toaletowa

cepillo para el inodoro

Szczoteczka do zębów

cepillo de dientes

Pasta do zębów

dentífrico

Nitki do czyszczenia zębów

hilo dental

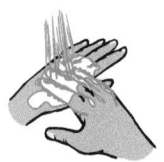

myć

lavar

Głowica prysznicowa

ducha de mano

Płyn kąpielowy do higieny intymnej

ducha higiénica

Miska do mycia

palangana

Szczotka kąpielowa

cepillo para espalda

Mydło

jabón

Żel prysznicowy

gel de ducha

Szampon

shampoo

Rękawica kąpielowa

toallita

Odpływ

desagüe

Krem

crema

Dezodorant

desodorante

Lustro

espejo

Lustro kosmetyczne

espejito

Golarka

maquinita de afeitar

Pianka do golenia

espuma de afeitar

Woda po goleniu

aftershave

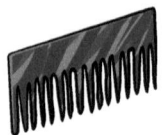

Grzebień

peine

Szczotka

cepillo

Suszarka do włosów

secador de pelo

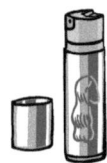

Spray do włosów

spray

Makijaż

maquillaje

Pomadka

lápiz de labios

Lakier do paznokci

esmalte para uñas

Wata

algodón

Nożyczki do paznokci

tijera para uñas

Perfum

perfume

Kosmetyczka

portacosméticos

Taboret

banqueta

Waga

balanza

Szlafrok kąpielowy

bata

Rękawice gumowe

guantes de goma

Tampon

tampón

Podpaska damska

toallita femenina

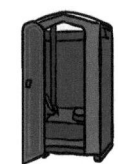

Toaleta chemiczna

baño químico

Pokój dziecięcy
cuarto de los chicos

Budzik
despertador
Pluszowa przytulanka
peluche
Samochodzik
coche de juguete
Grzechotka
sonajero
Domek dla lalek
casa de muñecas
Prezent
regalo

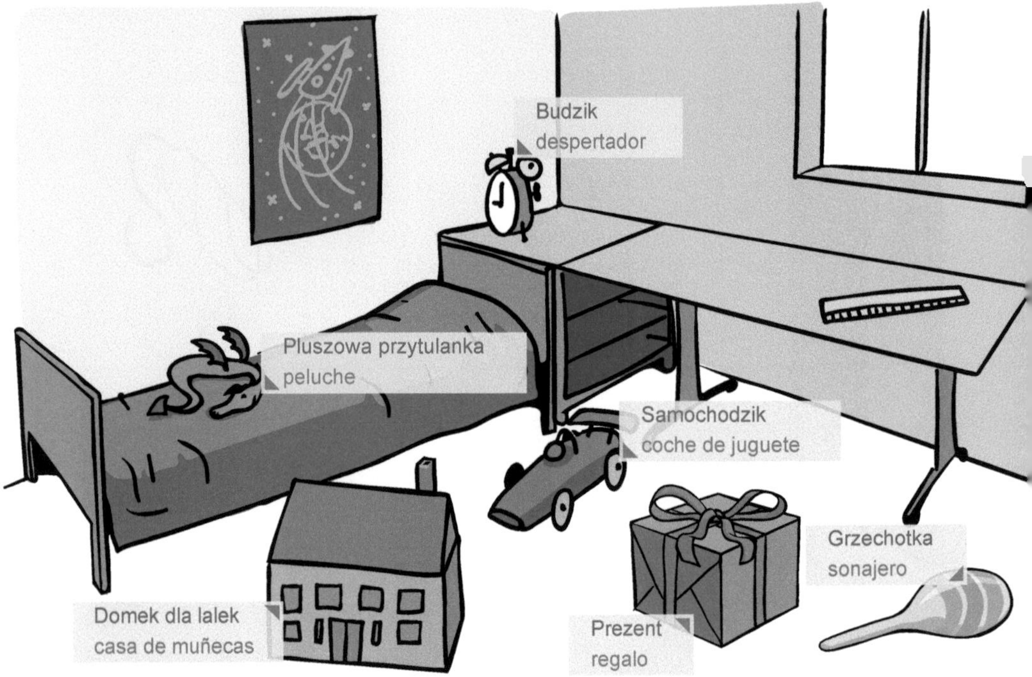

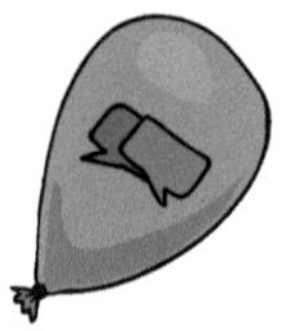

Balon

globo

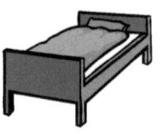

Łóżko

cama

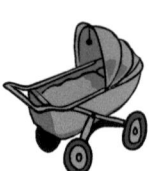

Wózek dziecięcy

cochecito

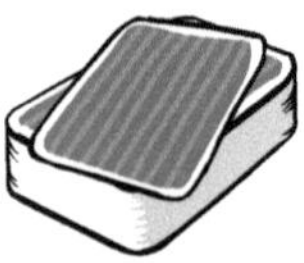

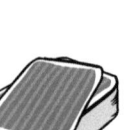

Gra w karty

cartas

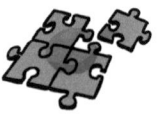

Puzzle

rompecabezas

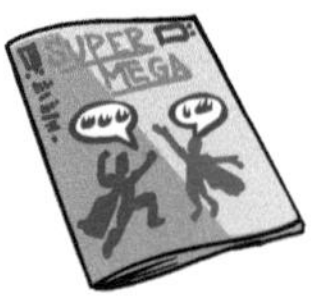

Komiks

historieta

Klocki lego

piezas de lego

Klocki

ladrillos de juguete

Action figura

figura de acción

Śpioszek dziecięcy

enterito (de bebé)

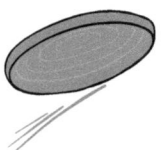

Frisbee

frisbee

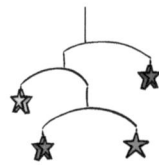

Zabawki ruchome

móvil para bebés

Gra planszowa

juego de mesa

Kości

dados

Kolejka elektryczna

tren eléctrico

Smoczek

chupete

Przyjęcie

fiesta

Książka z ilustracjami

libro de cuentos ilustrado

Piłka

pelota

Lalka

muñeca

bawić się

jugar

Piaskownica

arenero

Huśtawka

hamaca

Zabawki

juguetes

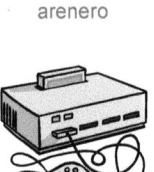

Konsola do gier

consola de videojuegos

Rowerek trójkołowy

triciclo

Pluszowy miś

osito de peluche

Szafa ubraniowa

armario

Ubiór

ropa

Skarpety

medias

Pończochy

medias panty

Rajstopy

calzas

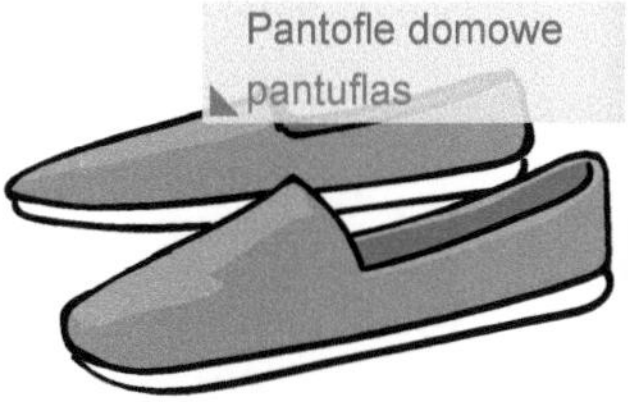

Szal
bufanda

Parasol
paraguas

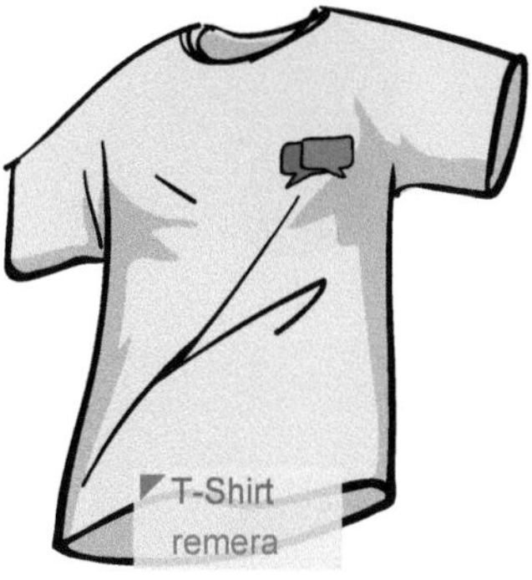

T-Shirt
remera

Pasek
cinturón

Kozaki
botas

Pantofle domowe
pantuflas

Obuwie sportowe
zapatillas

Sandały
....
sandalias

Buty
....
zapatos

Kalosze
....
botas de goma

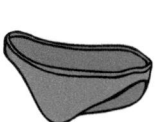

Majtki
....
ropa interior

Biustonosz
....
corpiño

Podkoszulek
....
chaleco

Body

body

Spodnie

pantalones

Dżins

jeans

Spódnica

pollera

Bluzka

blusa

Koszula

camisa

Pulower

pulóver

Bluza sportowa

buzo

Marynarka

blazer

Kurtka

campera

Płaszcz

tapado

Płaszcz przeciwdeszczowy

piloto

Kostium

traje

Sukienka

vestido

Suknia ślubna

vestido de novia

Garnitur męski

traje

Koszula nocna

camisón

Piżama

pijama

Sari

sari

Chusta na głowę

pañuelo para cabeza

Turban

turbante

Burka

burka

Kaftan

caftán

Abaya

abaya

Strój kąpielowy

traje de baño

Kąpielówki

short de baño

Krótkie spodnie

shorts

Dres sportowy

jogging

Fartuch

delantal

Rękawiczki

guantes

Guzik

botón

Okulary

anteojos

Bransoletka

pulsera

Łańcuszek

collar

Pierścionek

anillo

Kolczyk

aro

Czapka

gorra

Wieszak

percha

Kapelusz

sombrero

Krawat

corbata

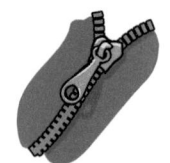

Zamek błyskawiczny

cierre

Kask

casco

Szelki

tiradores

Mundurek szkolny

uniforme escolar

Mundur

uniforme

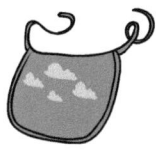

Śliniaczek

babero

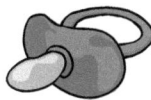

Smoczek

chupete

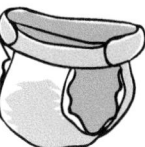

Pieluszka

pañal

Biuro

oficina

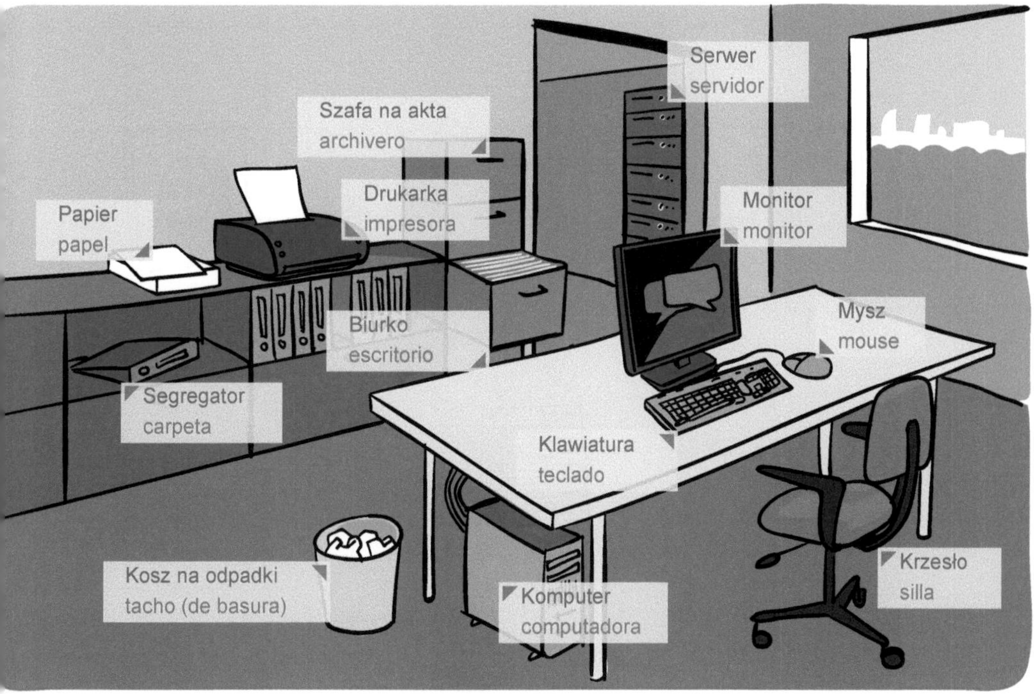

Serwer
servidor
Szafa na akta
archivero
Drukarka
impresora
Papier
papel
Monitor
monitor
Mysz
mouse
Biurko
escritorio
Segregator
carpeta
Klawiatura
teclado
Kosz na odpadki
tacho (de basura)
Komputer
computadora
Krzesło
silla

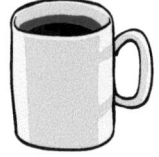

Filiżanka do kawy

taza de café

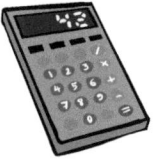

Kalkulator

calculadora

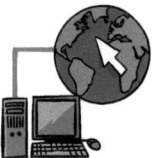

Internet

internet

Laptop

laptop

List

carta

Wiadomość

mensaje

Komórka

celular

Sieć

red

Kopiarka

fotocopiadora

Oprogramowanie

software

Telefon

teléfono

Gniazdko

tomacorriente

Faks

fax

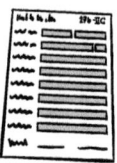

Formularz

formulario

Dokument

documento

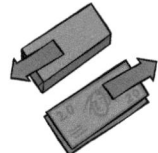

kupić
comprar

płacić
pagar

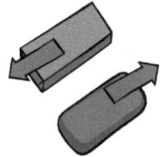

postępować
hacer negocios

Pieniądze
dinero

Dolar
dólar

Euro
euro

Jen
yen

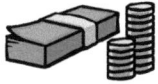

Rubel
rublo

Frank
franco suizo

Juan Renminbi
yuan

Rupia
rupia

Bankomat
cajero automático

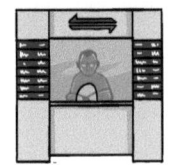

Kantor wymiany walut

casa de cambio

Złoto

oro

Srebro

plata

Olej

petróleo

Energia

energía

Cena

precio

Umowa

contrato

Podatek

impuesto

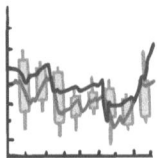

Akcja

acción

pracować

trabajar

Pracownik umysłowy

empleado

Pracodawca

empleador

Fabryka

fábrica

Sklep

negocio

Zawody
ocupaciones

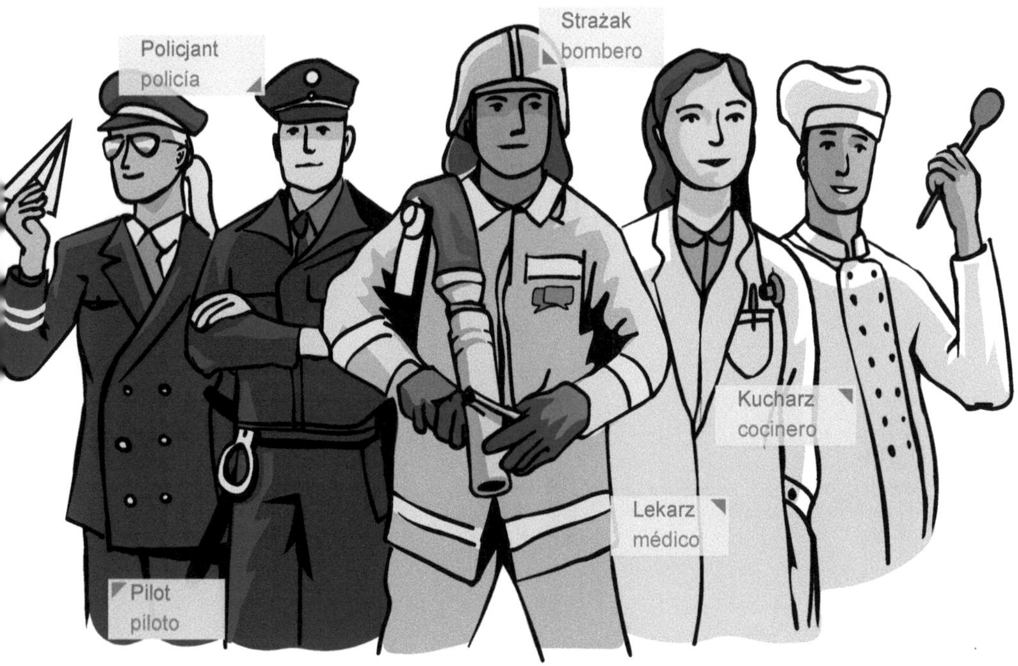

Strażak
bombero
Policjant
policía
Kucharz
cocinero
Lekarz
médico
Pilot
piloto

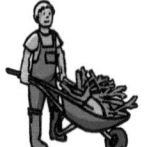

Ogrodnik
jardinero

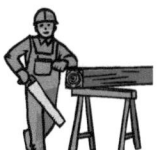

Stolarz
carpintero

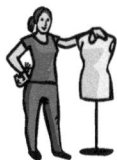

Krawcowa
modista

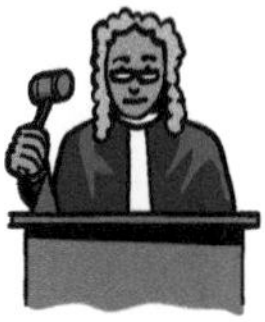

Sędzia
juez

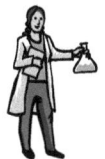

Chemik
farmacéutico

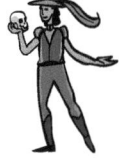

Aktor
actor

Kierowca autobusu

colectivero

Taksówkarz

taxista

Fischer

pescador

Sprzątaczka

mucama

Dekarz

techista

Kelner

mozo

Myśliwy

cazador

Malarz

pintor

Piekarz

panadero

Elektryk

electricista

Robotnik budowlany

albañil

Inżynier

ingeniero

Rzeźnik

carnicero

Instalator

plomero

Listonosz

cartero

Żołnierz

soldado

Architekt

arquitecto

Kasjer

cajero

Florysta

florista

Fryzjer

peluquero

Konduktor

cobrador

Mechanik

mecánico

Kapitan

capitán

Dentysta

dentista

Naukowiec

científico

Rabin

rabino

Imam

imán

Mnich

monje

Proboszcz

sacerdote

Narzędzia
herramientas

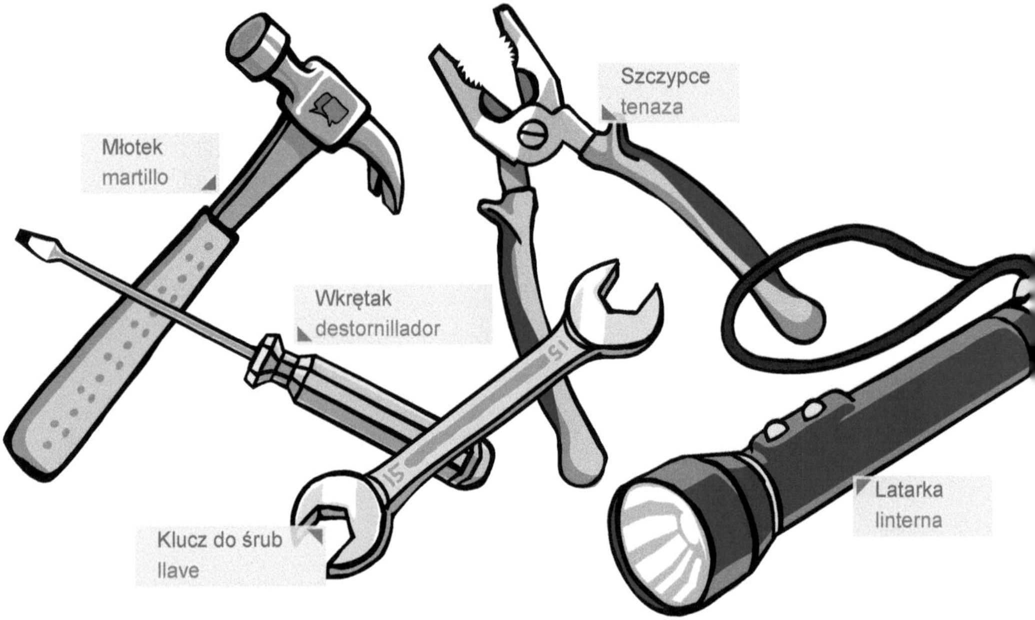

Szczypce
tenaza
Młotek
martillo
Wkrętak
destornillador
Klucz do śrub
llave
Latarka
linterna

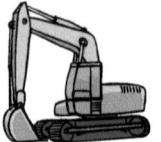

Koparka

excavadora

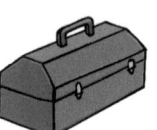

Skrzynka narzędziowa

caja de herramientas

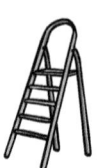

Drabina

escalera portátil

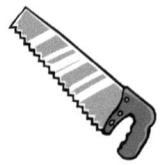

Piła

sierra

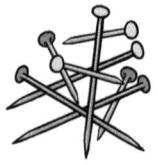

Gwoździe

clavos

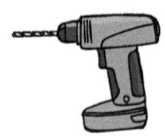

Wiertło

taladro

naprawić

arreglar

Łopatka

pala de jardín

Cholera!

¡Qué bronca!

Szufelka

pala de plástico

Puszka z farbą

tacho de pintura

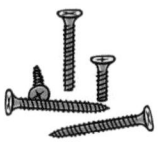

Śruby

tornillos

Instrumenty muzyczne
instrumentos musicales

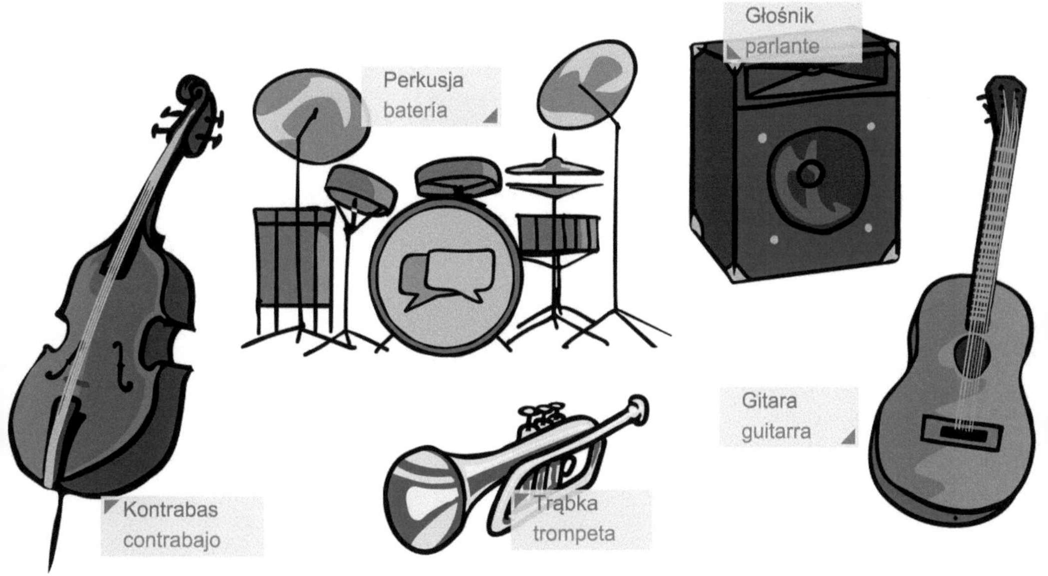

Głośnik
parlante

Perkusja
bateria

Gitara
guitarra

Kontrabas
contrabajo

Trąbka
trompeta

Pianino

piano

Skrzypce

violín

Bas

bajo

Kotły

timbales

Bęben

tambor

Keyboard

teclado

Saksofon

saxofón

Flet

flauta

Mikrofon

micrófono

Zoo
zoológico

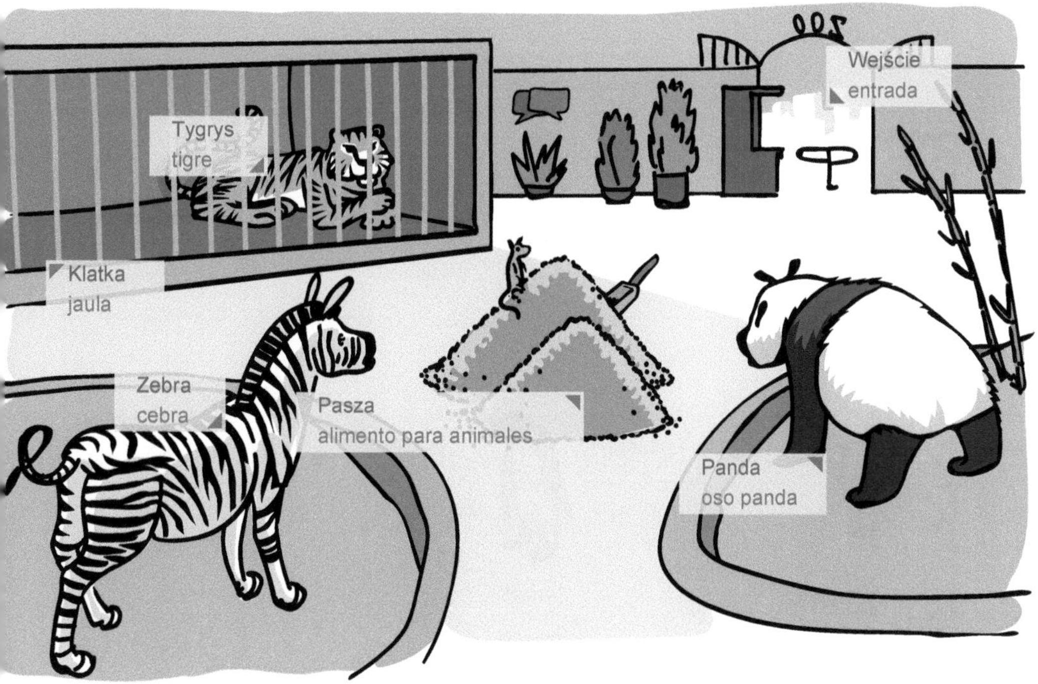
Tygrys
tigre
Wejście
entrada
Klatka
jaula
Zebra
cebra
Pasza
alimento para animales
Panda
oso panda

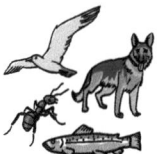

Zwierzęta
animales

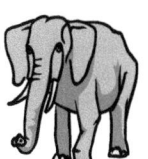

Słoń
elefante

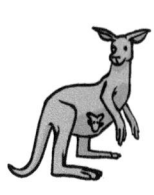

Kangur
canguro

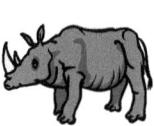

Nosorożec
rinoceronte

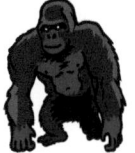

Goryl
gorila

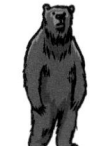

Niedźwiedź
oso

Wielbłąd

camello

Struś

avestruz

Lew

león

Małpa

mono

Fleming

flamenco

Papuga

loro

Niedźwiedź polarny

oso polar

Pingwin

pingüino

Rekin

tiburón

Paw

pavo real

Wąż

serpiente

Krokodyl

cocodrilo

Dozorca w zoo

cuidador del zoológico

Foka

foca

Jaguar

jaguar

Zoo - zoológico

Kucyk

poni

Gepard

leopardo

Hipopotam

hipopótamo

Żyrafa

jirafa

Orzeł

águila

Dzik

jabalí

Ryba

pescado

Żółw

tortuga

Mors

morsa

Lis

zorro

Gazela

gacela

Futbol amerykański
fútbol americano

Kolarstwo
ciclismo

Tenis
tenis

Koszykówka
básquet

Pływanie
natación

Boks
boxeo

Hokej na lodzie
hockey sobre hielo

Piłka nożna
fútbol

Badminton
bádminton

Lekka atletyka
atletismo

Piłka ręczna
handball

Narciarstwo
esquí

Polo
polo

Działania
actividades

skakać
saltar
objąć
abrazar
śmiać się
reír
iść
caminar
śpiewać
cantar
marzyć
soñar
modlić się
rezar
całować
besar

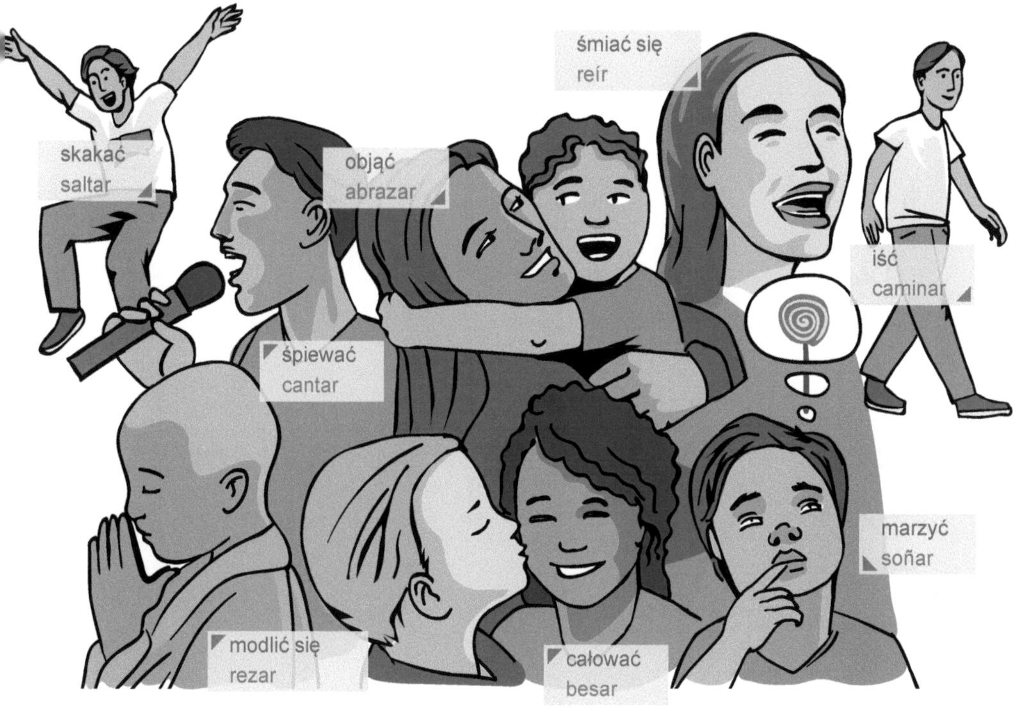

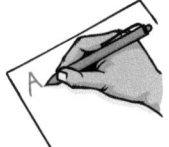

pisać

escribir

rysować

dibujar

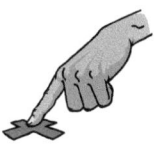

pokazywać

mostrar

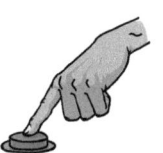

nacisnąć

presionar

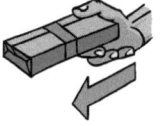

dać

dar

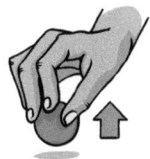

wziąć

tomar

mieć

tener

robić

hacer

być

ser

stać

estar parado

biegać

correr

ciągnąć

tirar

rzucać

tirar

spaść

caer

leżeć

estar acostado

czekać

esperar

nosić

llevar

siedzieć

estar sentado

zakładać

vestirse

spać

dormir

budzić się

despertar

spojrzeć

mirar

płakać

llorar

głaskać

acariciar

czesać się

peinar

mówić

hablar

rozumieć

entender

pytać

preguntar

słyszeć

escuchar

pić

beber

jeść

comer

sprzątać

ordenar

kochać

amar

gotować

cocinar

jechać

manejar

latać

volar

żeglować

navegar

liczyć

calcular

czytać

leer

uczyć się

aprender

pracować

trabajar

wejść w związek małżeński

casarse

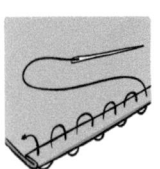

szyć

coser

myć zęby

cepillarse los dientes

zabić

matar

palić tytoń

fumar

wysłać

enviar

Rodzina
familia

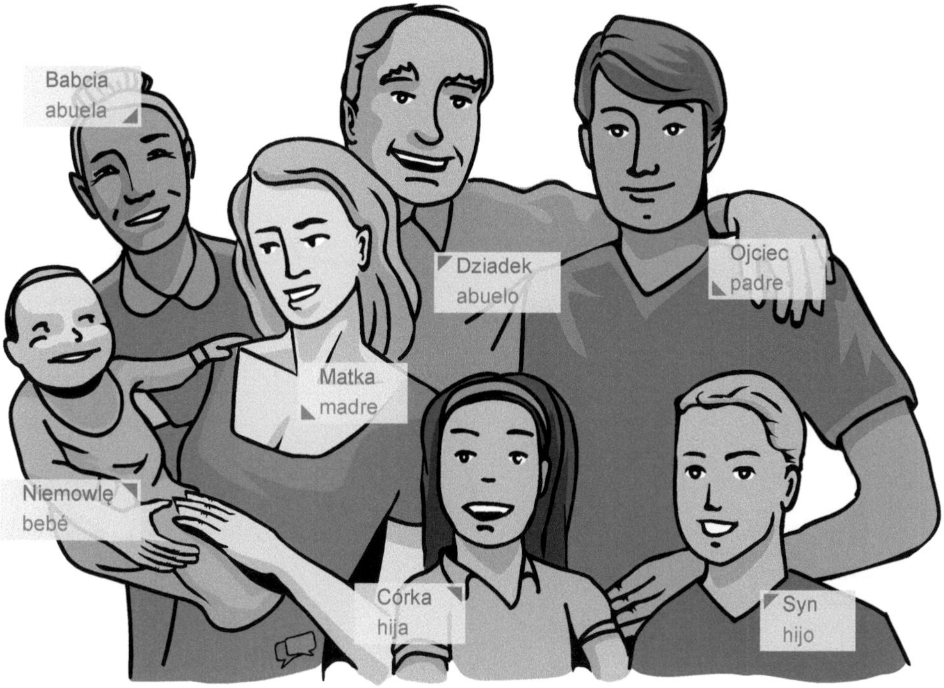

Babcia
abuela
Dziadek
abuelo
Ojciec
padre
Matka
madre
Niemowlę
bebé
Córka
hija
Syn
hijo

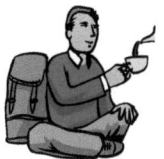

Gość

invitado

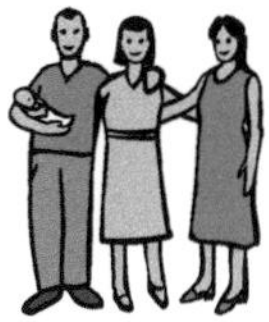

Ciotka

tía

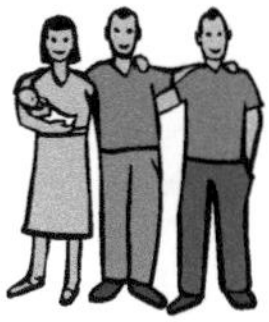

Wujek

tío

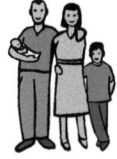

Brat

hermano

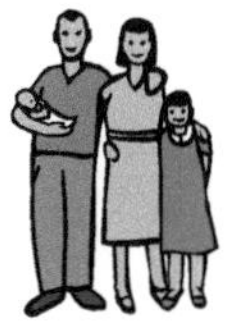

Siostra

hermana

Ciało

cuerpo

Czoło
frente
Oko
ojo
Ramię
hombro
Palec
dedo
Twarz
cara
Broda
pera
Ręka
mano
Noga
pierna
Pierś
pecho
Ramię
brazo

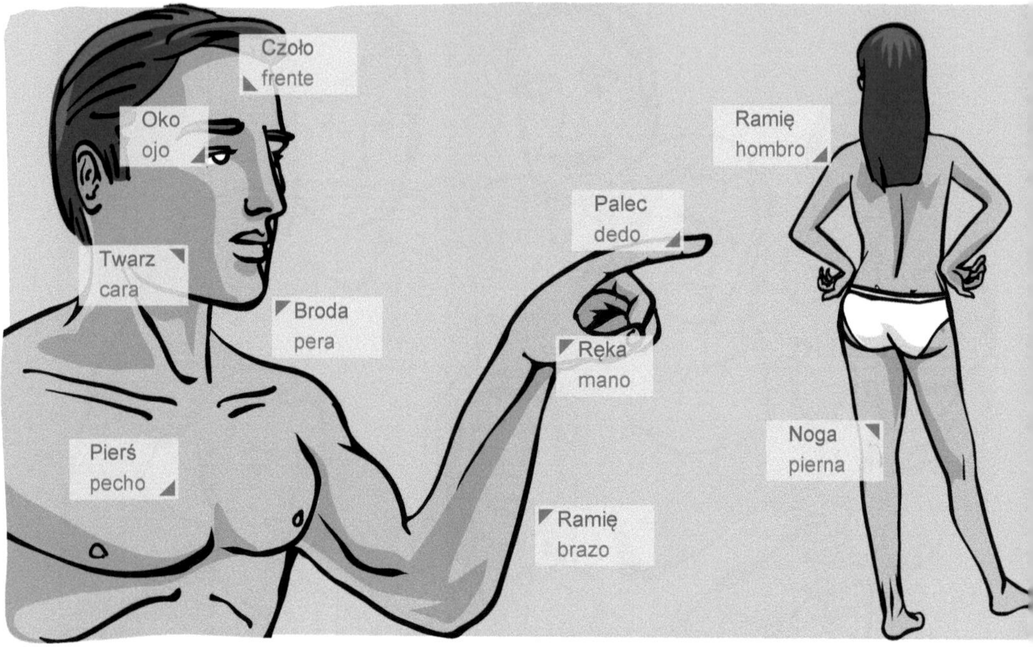

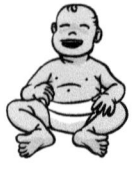

Niemowlę

bebé

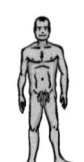

Mężczyzna

hombre

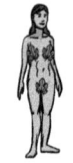

Kobieta

mujer

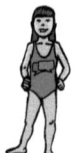

Dziewczyna

nena

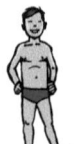

Chłopiec

nene

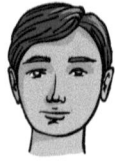

Głowa

cabeza

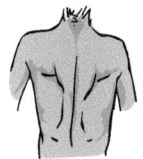

Plecy

espalda

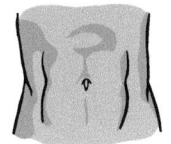

Brzuch

panza

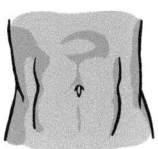

Pępek

ombligo

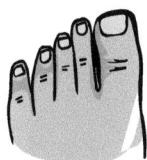

palec nogi

dedo del pie

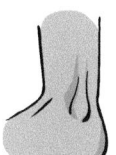

Pięta

talón

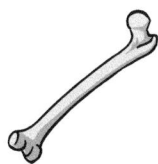

Kość

hueso

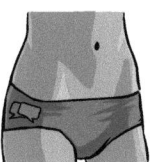

Biodro

cadera

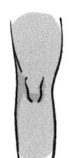

Kolano

rodilla

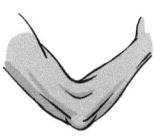

Łokieć

codo

Nos

nariz

Pośladki

cola

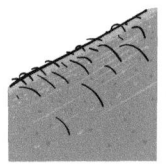

Skóra

piel

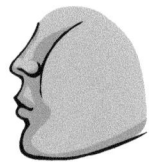

Policzek

cachete

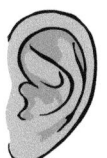

Uszy

oreja

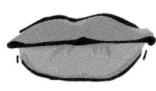

Warga

labio

Usta

boca

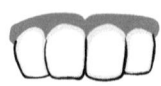

Ząb

diente

Język

lengua

Mózg

cerebro

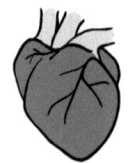

Serce

corazón

Mięsień

músculo

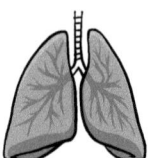

Płuca

pulmón

Wątroba

hígado

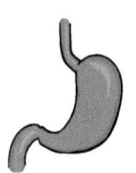

Żołądek

estómago

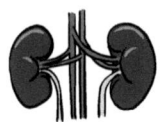

Nerki

riñones

Stosunek płciowy

sexo

Kondom

preservativo

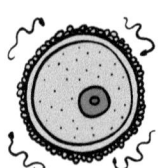

Komórka jajowa

óvulo

Sperma

semen

Ciąża

embarazo

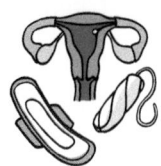

Menstruacja

menstruación

Wagina

vagina

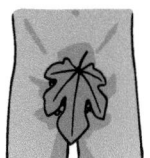

Penis

pene

Brew

ceja

Włosy

pelo

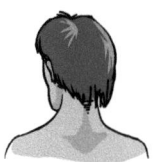

Szyja

cuello

Szpital
hospital

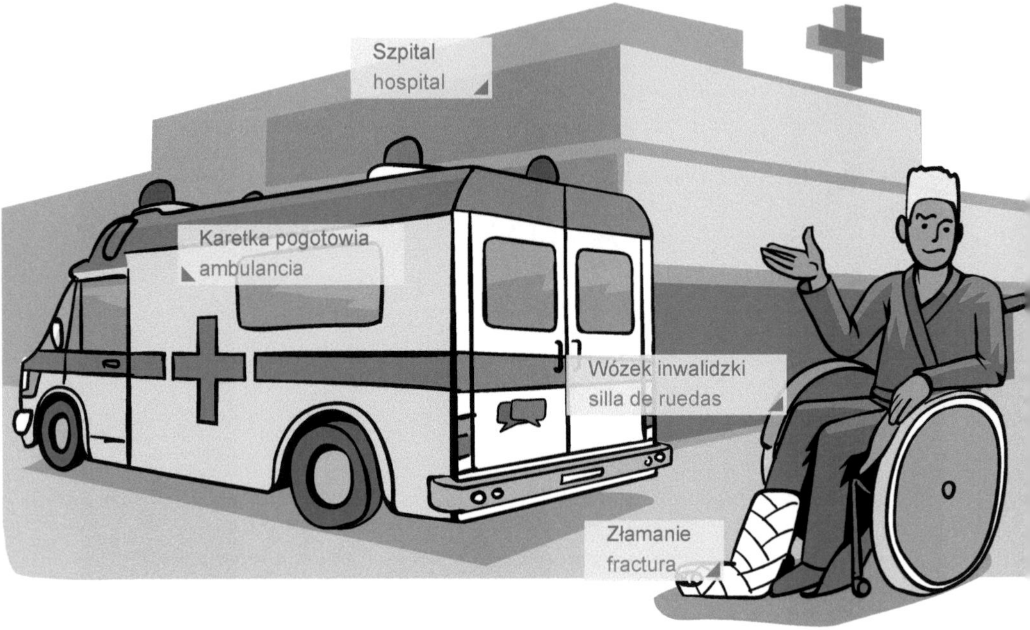

Szpital
hospital
Karetka pogotowia
ambulancia
Wózek inwalidzki
silla de ruedas
Złamanie
fractura

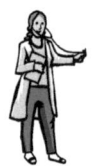

Lekarz

médico

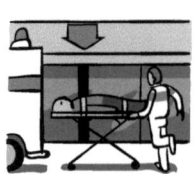

Izba przyjęć

sala de guardia

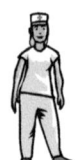

Pielęgniarka

enfermera

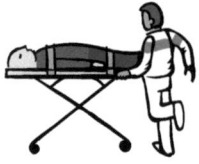

Nagły przypadek

emergencia

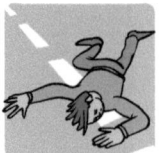

nieprzytomny

inconsciente

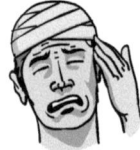

Ból

dolor

Skaleczenie

lesión

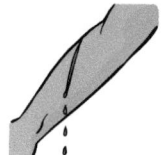

Krwawienie

hemorragia

Zawał serca

infarto

Udar mózgu

ACV

Alergia

alergia

Kaszleć

tos

Gorączka

fiebre

Grypa

gripe

Biegunka

diarrea

Ból głowy

dolor de cabeza

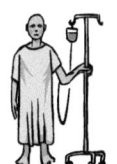

Rak

cáncer

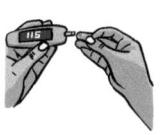

Cukrzyca

diabetes

Chirurg

cirujano

Skalpel

bisturí

Operacja

operación

CT
....
TC

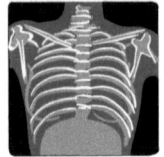

Rentgen
....
rayos x

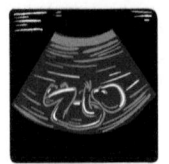

Ultradźwięki
....
ecografía

Maska
....
barbijo

Choroba
....
enfermedad

Poczekalnia
....
sala de espera

Kula
....
muleta

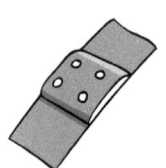

Plaster
....
curita

Opatrunek
....
venda

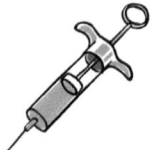

Iniekcja
....
inyección

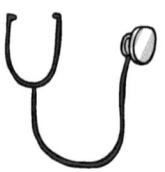

Stetoskop
....
estetoscopio

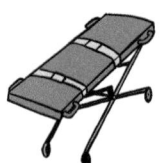

Nosze
....
camilla

Termometr
....
termómetro

Poród
....
nacimiento

Nadwaga
....
sobrepeso

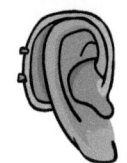

Aparat słuchowy

audífono

Środek dezynfekcyjny

desinfectante

Infekcja

infección

Wirus

virus

HIV / AIDS

VIH / SIDA

Medycyna

remedio

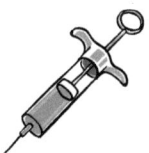

Szczepienie

vacunación

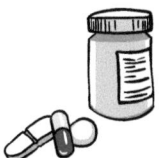

Tabletki

comprimidos

Pigułka

pastilla anticonceptiva

Telefon ratunkowy

llamada de emergencia

Ciśnieniomierz krwi

tensiómetro

chory / zdrowy

enfermo / sano

Pomocy!

¡Ayuda!

Alarm

alarma

Napad

agresión

Atak

ataque

Niebezpieczeństwo

peligro

Wyjście awaryjne

salida de emergencia

Pożar!

¡Fuego!

Gaśnica

matafuego

Wypadek

accidente

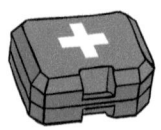

Walizeczka pierwszej
pomocy

botiquín de primeros
auxilios

SOS

SOS

Policja

policía

Europa

Europa

Ameryka Północna

América del Norte

Ameryka Południowa

América del Sur

Afryka

África

Azja

Asia

Australia

Australia

Atlantyk

Atlántico

Pacyfik

Pacífico

Ocean Indyjski

Océano Índico

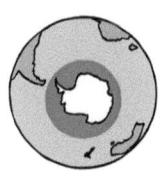

Ocean Antarktyczny

Océano Antártico

Ocean Arktyczny

Océano Ártico

Biegun północny

polo norte

Biegun południowy

polo sur

Antarktyda

Antártida

Ziemia

Tierra

Kraj

tierra

Morze

mar

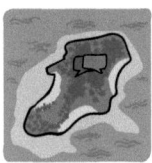

Wyspa

isla

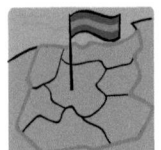

Naród

nación

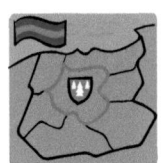

Państwo

estado

Cyferblat

esfera

Wskazówka godzinowa

manecilla de las horas

Wskazówka minutowa

minutero

Wskazówka sekundowa

segundero

Która godzina?

¿Qué hora es?

Dzień

día

Czas

hora

teraz

ahora

Zegarek digitalny

reloj digital

Minuta

minuto

Godzina

hora

Tydzień
semana

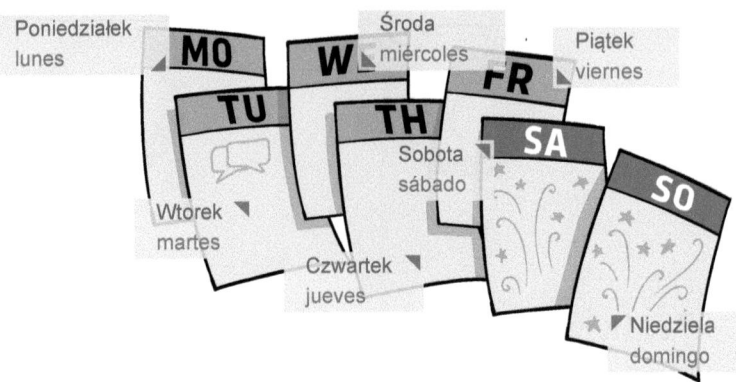

Poniedziałek
lunes

Środa
miércoles

Piątek
viernes

Wtorek
martes

Sobota
sábado

Czwartek
jueves

Niedziela
domingo

wczoraj

ayer

dzisiaj

hoy

jutro

mañana

Rano

mañana

Południe

mediodía

Wieczór

tarde

Dni robocze

días hábiles

Weekend

fin de semana

Rok
año

Tęcza
arco iris
Deszcz
lluvia
Śnieg
nieve
Wiatr
viento
Wiosna
primavera
Jesień
otoño
Lato
verano
Zima
invierno

4.APRIL 11°
5.APRIL 4°
6.APRIL 13°
7.APRIL 8°
8.APRIL 10°

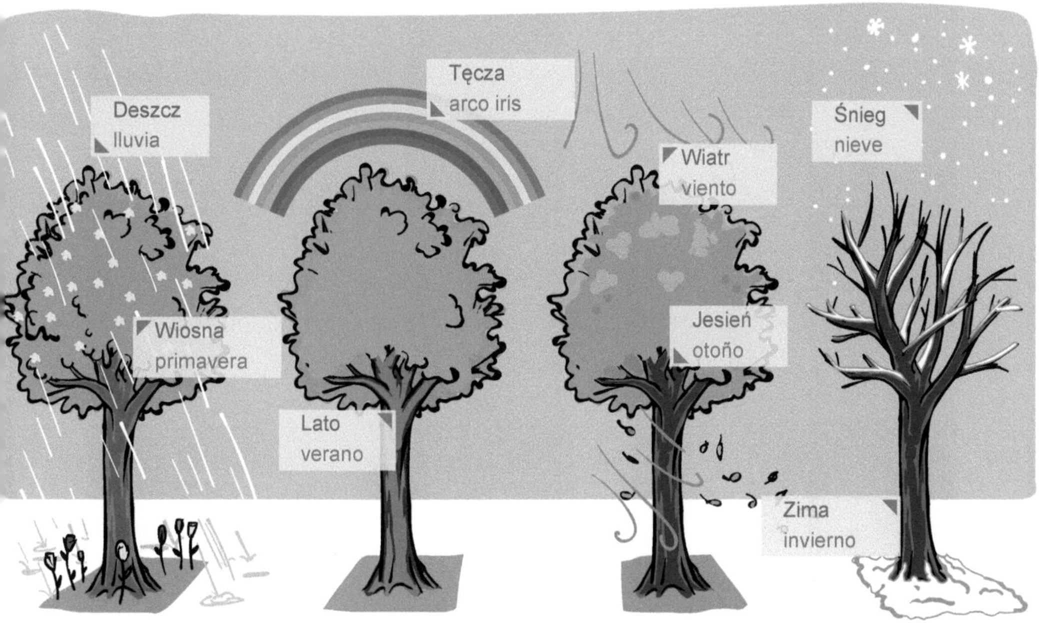

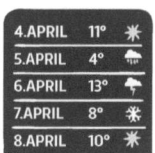

Prognoza pogody

pronóstico meteorológico

F C
120 40
90 30
60 20
30 10
0 0
-30 -10
-20

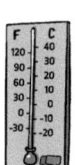

Termometr

termómetro

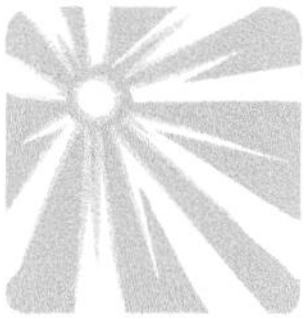

Światło słoneczne

luz del sol

Chmura

nube

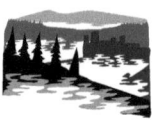

Mgła

niebla

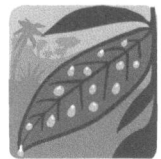

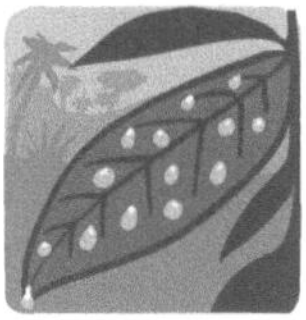

Wilgotność powietrza

humedad

Błyskawica

rayo

Grzmot

trueno

Sztorm

tormenta

Grad

granizo

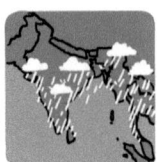

Monsun

monzón

Potop

inundación

Lód

hielo

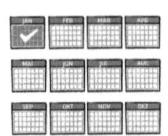

Styczeń

enero

Luty

febrero

Marzec

marzo

Kwiecień

abril

Maj

mayo

Czerwiec

junio

Lipiec

julio

Sierpień

agosto

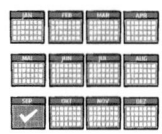

Wrzesień
....
septiembre

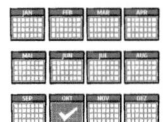

Październik
....
octubre

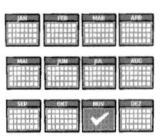

Listopad
....
noviembre

Grudzień
....
diciembre

Kształty
formas

Koło
....
círculo

Kwadrat
....
cuadrado

Prostokąt
....
rectángulo

Trójkąt
....
triángulo

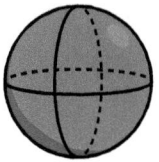

Kula
....
esfera

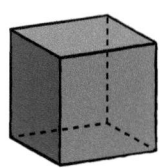

Sześcian
....
cubo

Kolory
colores

biały

blanco

żółty

amarillo

pomarańczowy

naranja

różowy

rosa

czerwony

rojo

liliowy

violeta

niebieski

azul

zielony

verde

brązowy

marrón

szary

gris

czarny

negro

dużo / mało
....
mucho / poco

wściekły / spokojny
....
enojado / tranquilo

piękny / brzydki
....
lindo / feo

początek / koniec
....
principio / fin

duży / mały
....
grande / chico

jasny / ciemny
....
claro / oscuro

brat / siostra
....
hermano / hermana

czysty / brudny
....
limpio / sucio

kompletny / niekompletny
....
completo / incompleto

dzień / noc
....
día / noche

umarły / żywy
....
muerto / vivo

szeroki / wąski
....
ancho / angosto

jadalny / niejadalny

comestible / no comestible

zły / uprzejmy

malo / amable

podniecony / znudzony

entusiasmado / aburrido

gruby / chudy

gordo / flaco

najpierw / na końcu

primero / último

przyjaciel / wróg

amigo / enemigo

pełen / pusty

lleno / vacío

twardy / miękki

duro / blando

ciężki / lekki

pesado / liviano

głód / pragnienie

hambre / sed

chory / zdrowy

enfermo / sano

nielegalny / legalny

ilegal / legal

inteligentny / głupi

inteligente / estúpido

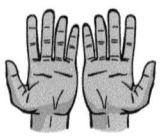

lewo / prawo

izquierda / derecha

bliski / daleki

cerca / lejos

nowy / używany

nuevo / usado

nic / coś

nada / algo

stary / młody

viejo / joven

włącz / wyłącz

encendido / apagado

otwarty / zamknięty

abierto / cerrado

cichy / głośny

silencioso / ruidoso

bogaty / biedny

rico / pobre

prawidłowy / błędny

correcto / incorrecto

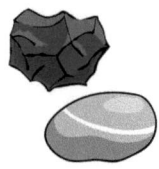

chropowaty / gładki

áspero / suave

smutny / szczęśliwy

triste / contento

krótki / długi

corto / largo

powolny / szybki

lento / rápido

mokry/suchy

mojado / seco

ciepły / chłodny

caliente / frío

wojna / pokój

guerra / paz

0

zero

cero

1

jeden

uno

2

dwa

dos

3

trzy

tres

4

cztery

cuatro

5

pięć

cinco

6

sześć

seis

7

siedem

siete

8

osiem

ocho

9

dziewięć

nueve

10

dziesięć

diez

11

jedenaście

once

12

dwanaście

doce

13

trzynaście

trece

14

czternaście

catorce

15

piętnaście

quince

16

szesnaście

dieciséis

17

siedemnaście

diecisiete

18

osiemnaście

dieciocho

19

dziewiętnaście

diecinueve

20

dwadzieścia

veinte

100

sto

cien

1.000

tysiąc

mil

1.000.000

milion

millón

Angielski

inglés

Angielski amerykański

inglés americano

Chiński mandaryński

chino mandarín

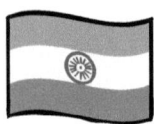

Hindi

hindi

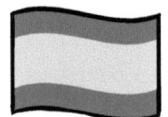

Hiszpański

español

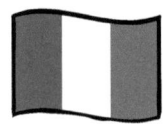

Francuski

francés

Arabski

árabe

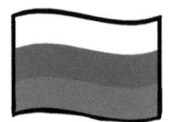

Rosyjski

ruso

Portugalski

portugués

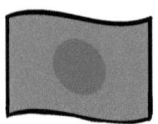

Bengalski

bengalí

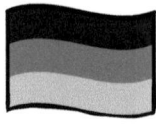

Niemiecki

alemán

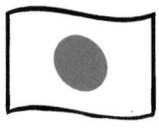

Japoński

japonés

ja

yo

ty

vos

on / ona / ono

él / ella

my

nosotros

wy

ustedes

oni

ellos

kto?

¿quién?

co?

¿qué?

jak?

¿cómo?

gdzie?

¿dónde?

kiedy?

¿cuándo?

Nazwisko

nombre

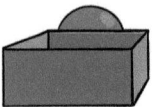

za
....
detrás

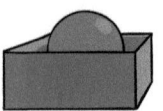

w
....
en

przed
....
adelante de

powyżej
....
por encima de

na
....
sobre

pod
....
debajo de

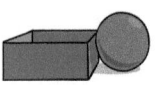

obok
....
al lado de

między
....
entre

Miejsce
....
lugar